Grands-parents,

racontez l'histoire
de votre vie

De précieux mémoires,
une sagesse inestimable et
expérience personnelle
pour vos enfants
et les petits-enfants

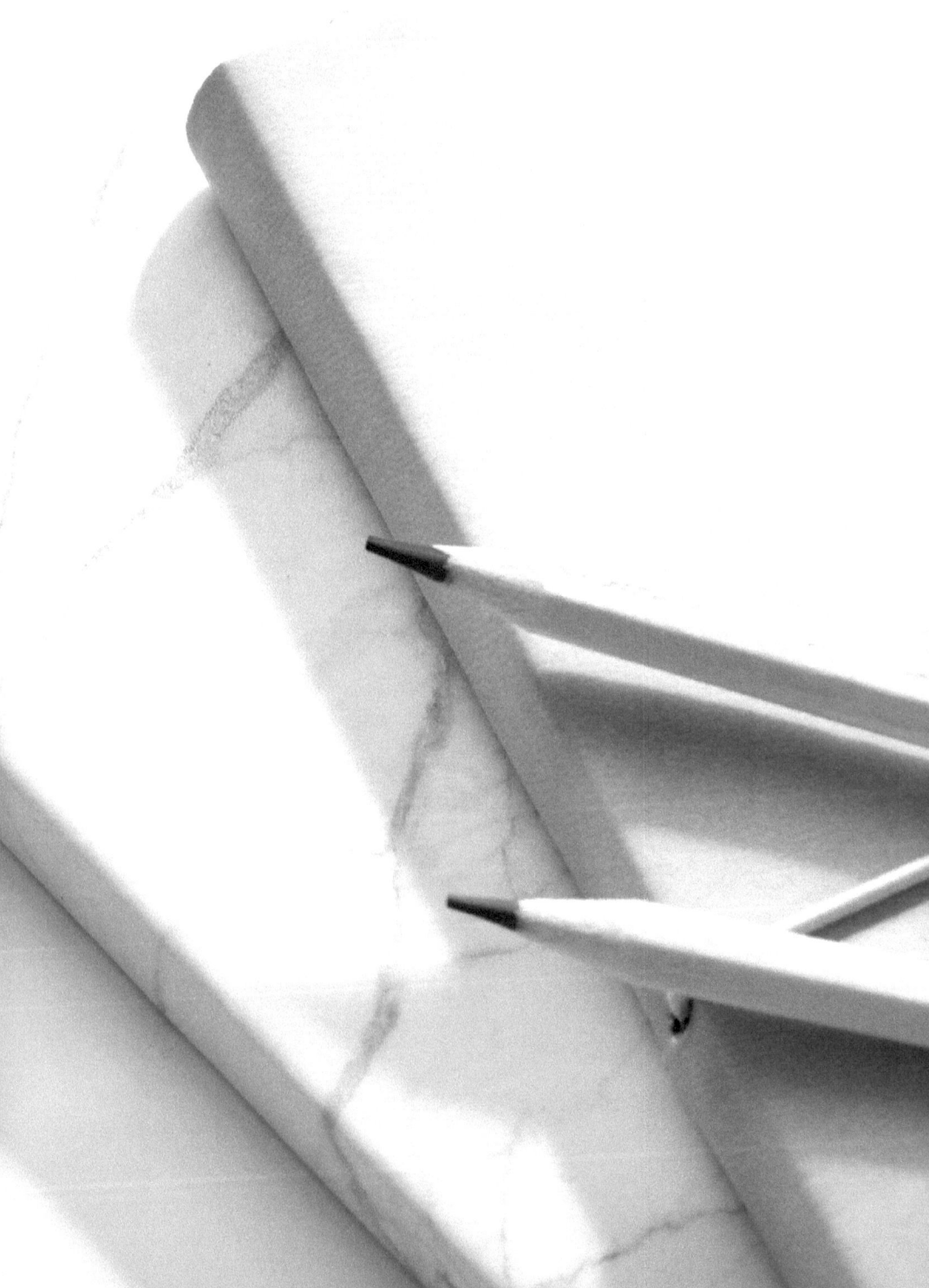

Chère grand-mère, cher grand-père !

Tu as déjà vécu beaucoup de choses. Tu as fait de grandes choses, tu t'es beaucoup amusé et tu as traversé des moments difficiles ensemble.

Avec toute cette légèreté et cette joie, tu as toujours gagné en sagesse, tu as accumulé des expériences et tu as été profondément marqué.

Bien sûr, il y a eu aussi des moments dans votre vie où la lumière chaude du soleil se cachait derrière les nuages sombres. Où vous n'étiez pas si bien.

Toutes ces histoires et expériences de la vie sont un trésor précieux pour vos enfants et petits-enfants.

Il serait dommage que nous n'entendions jamais cette abondance d'histoires et d'événements.

De plus, vous avez certainement beaucoup de conseils et de recommandations sur la manière dont nous pouvons nous comporter de manière optimale dans différentes circonstances.

Nous voulons que vous preniez le temps de regarder votre vie.

Ce livre vous propose une sélection de questions de grande portée auxquelles vous pouvez répondre. Vos réponses nous enrichiront et nous donneront un aperçu encore plus précis de votre vie.

Nous espérons que vous apprécierez l'écriture !

Avec beaucoup d'amour,

Enfance

Grand-mère en tant que un enfant

Grand-père en tant que un enfant

Enfance

Comment vos parents se sont-ils trouvés ?

Dans quelles circonstances votre naissance a-t-elle eu lieu ?

Vos prénoms ont-ils une signification plus profonde ?

Enfance

Êtes-vous satisfaits de vos prénoms ?

Avez-vous des frères et sœurs ?

Comment étaient les relations et l'harmonie dans votre famille ?

Enfance

Avez-vous des surnoms ?

"Dans chaque enfant il y a un artiste. Le problème est de savoir comment rester un artiste en grandissant."

Pablo Picasso

Quelle est la première chose qui vous vient à l'esprit lorsque vous pensez à votre enfance ?

Enfance

Qu'est-ce qui a fait briller vos yeux quand vous étiez enfant ?

Vous étiez riche ?

À quoi ressemblait la maison/l'appartement où vous avez grandi ?

Enfance

La maison de la grand-mère

La maison de grand-père

Enfance

Dans quel quartier viviez-vous ?

Comment avez-vous appris à faire du vélo ?

Comment avez-vous fait à l'école ?

Enfance

Avez-vous encore des amis d'enfance aujourd'hui ?

Quelles histoires avez-vous aimé entendre ?

Vous aviez des animaux ?

Enfance

Quelle profession rêviez-vous d'exercer à l'époque ?

"L'âme est guérie en étant avec les enfants."

Fyodor Dostoyevsky

Où êtes-vous allé le plus souvent en vacances ?

Enfance

Quel était votre plat préféré que vos parents/grands-parents préparaient ?

Avez-vous été blessé dans votre enfance ? Comment cela s'est-il produit ?

Quelle expérience marquante ou radicale avez-vous vécue dans votre enfance ?

Enfance

Aviez-vous des craintes ? Existent-elles encore aujourd'hui ?

Quelle activité de votre enfance aimeriez-vous encore faire aujourd'hui ?

Enfance

Jeux préférés dans l'enfance

01 ....

02 ....

03 ....

04 ....

05 ....

Enfance

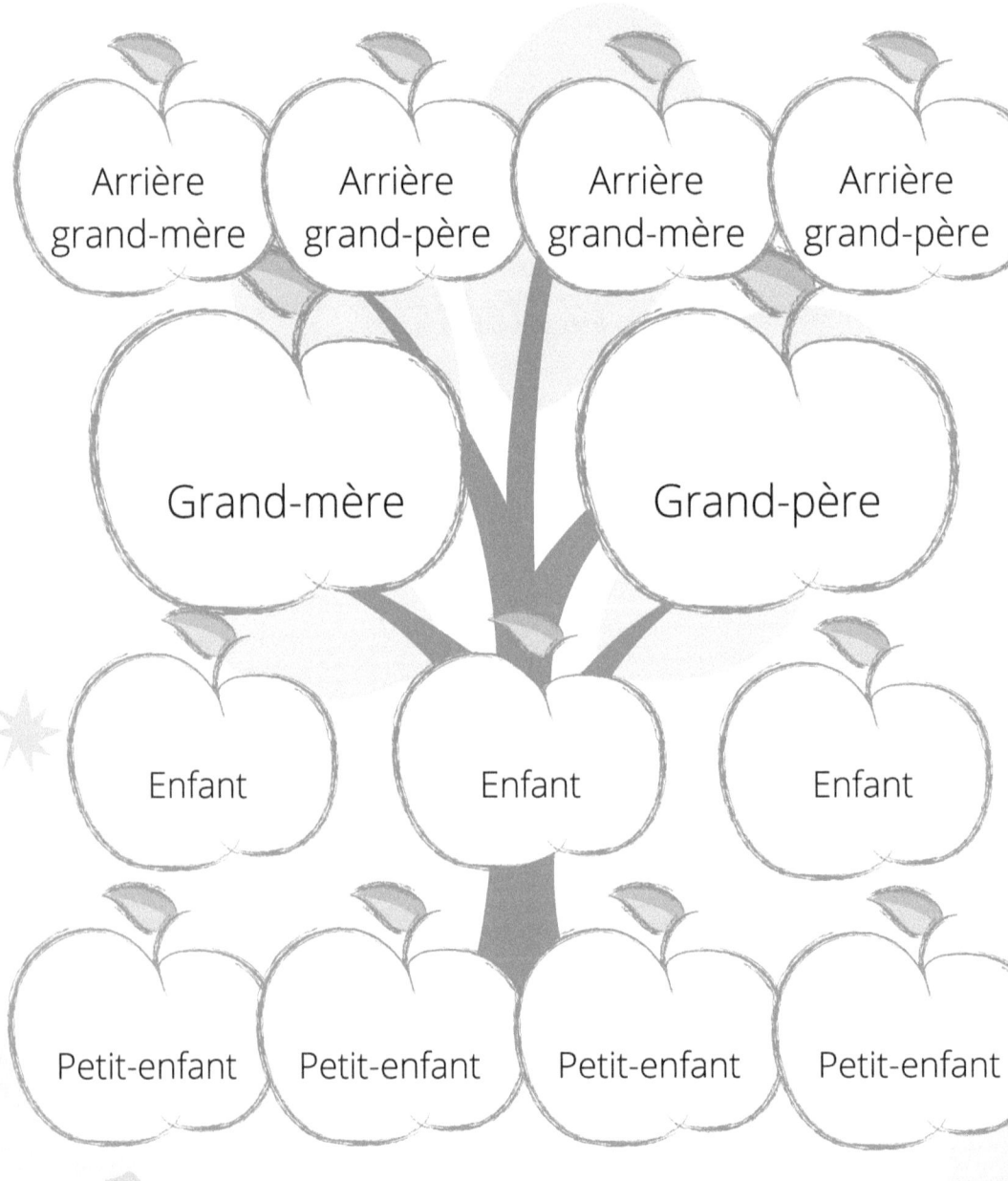

Puberté

Grand-mère en tant que un adolescent

Grand-père en tant que un adolescent

Puberté

Comment t'es-tu habillée ?

Avez-vous une caractéristique particulière de votre corps qui vous fait sortir du lot ?

Est-ce que tu ressembles plus à ta mère ou à ton père ?

Puberté

Quel souvenir de votre jeunesse vous fait encore rire aujourd'hui ?

Quels sont les problèmes auxquels vous avez dû faire face ?

Quelles caractéristiques de vos parents avez-vous décidé de ne pas adopter ?

Puberté

Quelle était votre attitude envers les enseignants ?

"La puberté est un pot-pourri d'émotions."

Marina Zuber

Avez-vous aimé aller à l'école ?

Puberté

Avez-vous commis des crimes ?

Quels événements politiques/culturels ont eu lieu lorsque vous étiez adolescent ?

Quelles sont les stars que vous admirez ?

Puberté

Qu'avez-vous appris en classe dont vous vous souvenez très bien aujourd'hui ?

Que pensez-vous des personnes âgées ?

Quelle est la chose la plus folle que tu aies faite quand tu étais adolescent ?

Puberté

Quelles ont été vos meilleures vacances à l'adolescence ?

"*La jeunesse est un cadeau de la nature. Mais la vieillesse est un art.*"

Garson Kanin

Quelle chose terriblement embarrassante vous est arrivée ?

Puberté

Étiez-vous envieux de la vie des autres autour de vous ?

Quels étaient vos hobbies ?

Avez-vous participé à des concours ?

Puberté

CELA A FAÇONNÉ NOTRE
Génération

1

2

3

4

5

6

7

8

9

10

L'âge adulte

L'âge adulte

Grand-mère à l'âge adulte

Grand-père à l'âge adulte

Pourquoi je suis si reconnaissant de vous avoir tous les deux :

J'ai un grand exemple à suivre. Tu !

Tu as toujours les bons mots pour rendre tout plus agréable.

Rien n'est meilleur que l'amour des grands-parents, et on peut dire la même chose de toi.

Tu fais les plus beaux câlins !

Vous êtes les plus merveilleux grand-mère et grand-père les plus merveilleux au monde !

L'âge adulte

Qu'aimiez-vous faire à l'âge adulte ?

De quoi êtes-vous reconnaissant ?

Une chanson a-t-elle une signification particulière pour vous ?

L'âge adulte

Êtes-vous descendu dans la rue pour des intérêts sociaux ?

Quel est le meilleur compliment que vous ayez reçu ?

Quelle était votre première voiture ?

L'âge adulte

votre première voiture

L'âge adulte

Comment avez-vous géré les finances ?

"Hier, c'est de l'histoire, demain est un mystère, aujourd'hui est un cadeau de Dieu, et c'est pourquoi nous l'appelons le présent."

Bil Keane

Quel a été votre plus gros mauvais achat ?

L'âge adulte

Dans quelle mesure avez-vous fait preuve de résilience face au stress ?

Comment vous êtes-vous rencontrés ?

Quand avez-vous emménagé ensemble ?

L'âge adulte

Où avez-vous appris à élever des enfants ?

Quelle est la chose la plus merveilleuse dans le fait d'être parent ?

Comment le fait d'être parent vous a-t-il façonné personnellement ?

L'âge adulte

Quelles sont les choses scandaleuses que vos enfants ont faites ?

Quelles sont les choses les plus drôles que vos enfants/petits-enfants ont faites ?

Quels sont les premiers mots de vos enfants dont vous vous souvenez ?

L'âge adulte

De quoi êtes-vous fier concernant vos enfants/petits-enfants ?

Vous avez beaucoup voyagé ? Racontez-moi votre plus beau voyage ensemble !

Avez-vous rencontré des personnes célèbres ?

L'âge adulte

Des villes importantes pour nous :

L'âge adulte

Des pays importants pour nous :

L'âge adulte

Quels phénomènes inexplicables / miracles surnaturels avez-vous expérimentés ?

Qu'est-ce qui vous fait sourire ?

Quelle sagesse de vie importante partageriez-vous avec votre "moi de 18 ans" ?

L'âge adulte

TOP 10
les erreurs à éviter

1

2

3

4

5

6

7

8

9

10

Il a réussi sa vie celui qui a bien vécu, ri souvent et aimé beaucoup;

a joui de la confiance des femmes intègres, du respect des hommes intelligents et de l'amour des petits enfants;

s'est fait une place et a accompli sa tâche;

n'a jamais manqué d'apprécier la beauté de la Terre ni oublié de l'exprimer;

a laissé le monde meilleur qu'il ne l'a trouvé, que ce soit en ayant pris soin d'un coquelicot, écrit un poème parfait ou sauvé une âme;

a toujours cherché le meilleur chez les autres et leur a donné le meilleur de lui-même;

celui dont la vie est une inspiration;

dont le souvenir est une bénédiction.

Bessie Anderson Stanley, 1897-1952

Âge supérieur

Grand-mère aujourd'hui

Grand-père aujourd'hui

Âge supérieur

Comment êtes-vous arrivé dans votre maison/appartement actuel ?

Qu'attendez-vous le plus de votre (future) retraite ?

C'est difficile de vieillir ?

Âge supérieur

Regrettez-vous (de ne pas) faire quelque chose ?

Avez-vous un "squelette dans le placard" ?

Que faites-vous toute la journée ?

Âge supérieur

JOURNÉE WELLNESS

Choisissez une activité pour prendre soin de vous et passez une journée agréable.

- Faire du sport
- Boire du thé
- Allez vous promener
- Faites quelque chose de créatif
- Lire un livre
- Écouter de la musique

Âge supérieur

Quels sont les sujets dont vous aimez parler ?

> "L'âge ne vous protège pas des dangers de l'amour. Mais l'amour, dans une certaine mesure, vous protège des dangers de l'âge."
>
> Jeanne Moreau

À quoi ressemblerait votre journée parfaite ?

Âge supérieur

Quel est le meilleur souvenir de votre vie de couple jusqu'à présent ?

Comment voyez-vous la jeunesse aujourd'hui ?

Qu'est-ce que vous n'osez pas dire personnellement à vos enfants dans une conversation ?

Âge supérieur

Si vous aviez un souhait : Que souhaiteriez-vous ?

Vous vous sentez seul ?

Qu'est-ce qui a radicalement changé dans votre opinion par rapport à avant ?

Âge supérieur

NOS PRODUITS PRÉFÉRÉS AU SUPERMARCHÉ :

Âge supérieur

Comment votre personnage a-t-il changé ?

Que sauveriez-vous d'une maison en feu ?

Avez-vous peur de mourir ?

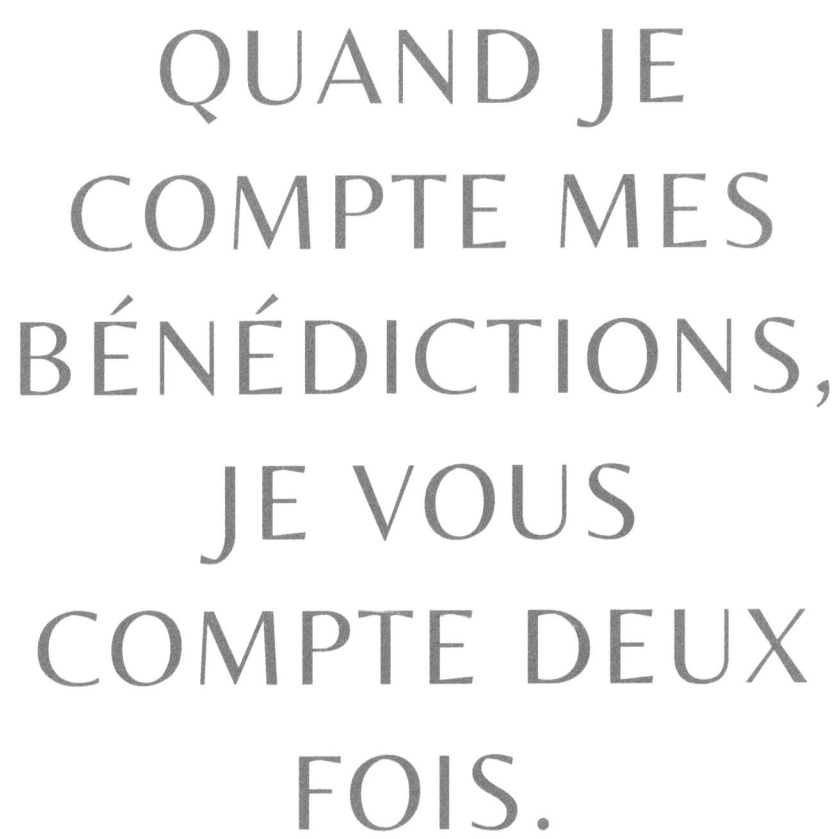

QUAND JE COMPTE MES BÉNÉDICTIONS, JE VOUS COMPTE DEUX FOIS.

Âge supérieur

Croyez-vous à la vie après la mort ?

Si vous y croyez : Comment va-t-on au paradis ?

Quelles sont vos aspirations pour vos funérailles ?

Âge supérieur

Une certaine odeur vous évoque-t-elle des souvenirs intenses ?

> **"Les cheveux blancs sont une couronne d'honneur;
> C'est dans le chemin de la justice qu'on la trouve."**
>
> Proverbes 16:31

Voulez-vous déménager/émigrer ?

Âge supérieur

Quels sont les objectifs et les rêves que vous avez pour l'avenir ?

Tout était-il mieux dans le passé ?

Quels sont les moments de la vie dont vous êtes particulièrement heureux ?

Âge supérieur

De quelle crise de vie êtes-vous sorti le plus fort ?

Quelles sont les personnes qui vous ont aidé d'une manière particulière ?

Quelles expériences importantes souhaitez-vous partager ?

Âge supérieur

Que puis-je faire pour vous satisfaire ?

Comment imaginez-vous le monde en 2050 ?

Quelle est votre vie jusqu'à présent en une phrase ?

Âge supérieur

Objectifs pour l'avenir

Pour mes grands-parents !

*Ces lignes sont pour vous -
pour mes grands-parents, que j'aime.*

*Vous avez pris soin de moi pendant des années,
mais j'ai rarement entendu à quel point tu comptes pour moi.
Je voudrais donc profiter de cette occasion pour vous remercier.*

*Vous m'avez aidé depuis le début,
quand j'ai fait les premiers pas, bancals et
sont toujours là pour moi aujourd'hui, quand je tombe un jour.*

*Merci de me laisser aller un peu plus à chaque pas,
pour que je puisse apprendre à me tenir debout.
Merci de m'avoir permis de me sentir toujours en sécurité avec vous.
Merci pour l'amour dont j'ai toujours pu être sûr.*

*Merci pour les nombreuses années pendant lesquelles tu n'as jamais cessé
pour prendre soin de moi et en qui vous avez tout essayé,
pour transformer mes rêves en succès.*

*Je vous remercie de votre patience et de votre compréhension,
Que vous m'avez donné quand j'ai suivi mon propre chemin.
Merci pour ton amour, sans lequel je n'aurais pas pu vivre.
Merci pour tout ce que vous avez fait et faites encore pour moi !*

*Avec votre amour et votre expérience, vous avez fait de moi cette personne,
qui je suis aujourd'hui.*

*J'espère que je pourrai donner à mes enfants
autant que vous m'avez donné.*

Relations

Relations

Qu'admirez-vous chez vos parents ?

Qu'est-ce qui a provoqué des conflits avec vos parents ?

Y a-t-il un coup de foudre ?

Relations

Comment avez-vous surmonté le premier chagrin d'amour ?

Comment avez-vous su que grand-mère/grand-père était le bon ?

Quelles sont les conditions requises pour se marier ?

Relations

Comment s'est passée votre première rencontre avec vos beaux-parents ?

> "Les ténèbres ne peuvent pas chasser les ténèbres, seule la lumière peut le faire. La haine ne peut pas chasser la haine, seul l'amour peut le faire."
>
> — Martin Luther King, Jr.

Vous souvenez-vous de votre première dispute ?

Relations

Quels conseils avez-vous pour un beau mariage ?

Comment trouvez-vous la relation aujourd'hui dans notre famille ?

Quels conseils avez-vous pour une éducation réussie ?

Relations

Surnoms à grand-mère

Relations

Surnoms à grand-père

Relations

Quelles sont les caractéristiques des personnes qui vous mettent en colère ?

Comment apprendre à pardonner ?

Comment gérez-vous les critiques ?

Relations

C'est quand la dernière fois que tu as dit "Je t'aime !" à quelqu'un ?

"*Une goutte d'amour est plus qu'un océan de connaissances.*"

Blaise Pascal

Qu'est-ce que vous appréciez le plus chez les autres ?

Relations

Pourquoi les autres recherchent-ils votre présence ?

Qu'est-ce qui rebute les autres ?

Qui sont vos meilleurs amis aujourd'hui ?

Relations

Comment avez-vous fait face au deuil ?

Comment voulez-vous que les autres se souviennent de vous ?

Comment définissez-vous l'amour ?

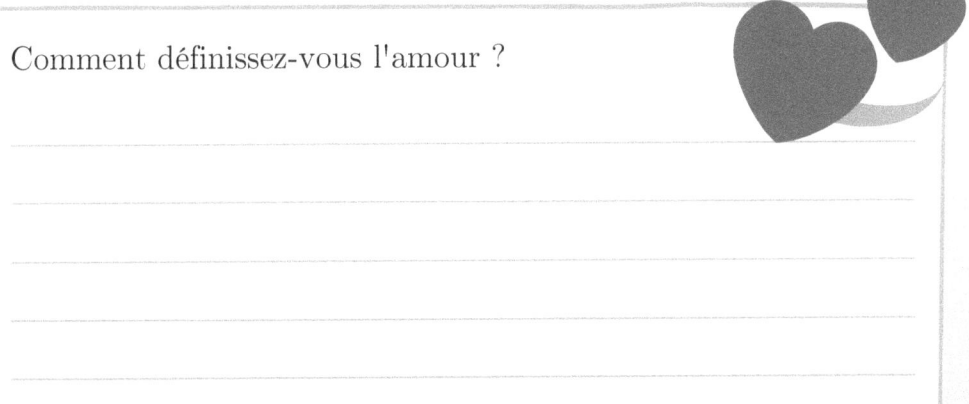

Relations

TOP 10 DES RÈGLES
Traiter avec les gens

1

2

3

4

5

6

7

8

9

10

Carrière

Carrière

Devrait-il y avoir des travaux d'intérêt général obligatoires ?

Quelles formations/études professionnelles avez-vous suivies ?

Quel était/est votre emploi préféré ?

Carrière

Quel genre de travail ne supportez-vous pas du tout ?

Avez-vous déjà échoué dans votre propre entreprise ?

Parmi vos activités professionnelles, quelles sont celles que vous feriez sans être payé ?

Carrière

Comment prenez-vous vos décisions ?

> "Je ne peux pas changer la direction du vent, mais je peux ajuster mes voiles pour toujours atteindre ma destination."
>
> Jimmy Dean

Comment trouver l'emploi de rêve ?

AVEZ-VOUS DES PROBLÈMES DE SOMMEIL ?

ESSAYEZ CES CONSEILS !

1. Pas de distractions dans votre chambre
2. Pas de café ni de boissons sucrées 5 heures avant le coucher
3. Faites régulièrement de l'exercice
4. Trop de pensées ? Notez-les dans un journal.
5. Si vous ne pouvez pas dormir, ne forcez pas.
6. Si votre manque de sommeil affecte votre vie quotidienne, consultez un médecin.

Carrière

A quel patron pensez-vous avec faveur ?

Avez-vous trouvé le sens de la vie après toutes ces années ?

Pour quel problème de l'humanité aimeriez-vous avoir une solution ?

Carrière

Sur quel sujet aimeriez-vous écrire un livre ?

Quelle œuvre héroïque auriez-vous aimé réaliser ?
(Exemple: Martin Luther King. Jr.)

Quel pouvoir de super-héros aimerais-tu avoir ?

Carrière

Faites-vous du bénévolat ?

"Le plaisir dans le travail met la perfection dans le travail."

Aristote

Pour quelle organisation / projet puis-je faire un don ?

Carrière

Conseils pour réussite professionnelle

01 ....

02 ....

03 ....

04 ....

05 ....

Autres

Ceci ou cela

Lequel préférez-vous ?

(Veuillez marquer : couleur de la grand-mère | couleur du grand-père)

Voyage en ville	Plage
Détendu	Nerveux
Sauvez	Gaspiller
Viande	Légumes
Têtu	Harmonieux
Vanille	Chocolat
Comédie	Action
Ascenseur	Escaliers
Classique	Hip Hop
Cinéma	Canapé

Ceci ou cela

Lequel préférez-vous ?

Jogging	Volleyball
Famille	Carrière
Introverti	Extraverti
Été	Hiver
Consciencieux	Sloppy
Café	Thé
Conservateur	Libéral
Gauche	Droit
Dormir	Lève-tôt
Chien	Chat

Ceci ou cela

Lequel préférez-vous ?

Pyjamas	Tuxedo
Jardin	Terrasse sur le toit
Voler	Prendre le train
Optimiste	Pessimiste
Fête	Les pieds en haut
Nutella	Miel
Travail d'équipe	Seul
Suède	Espagne
Ferme	Villa
Courriel	Appelez

Ceci ou cela

Lequel préférez-vous ?

Lait entier	Doux-amer
Inside jeune	Vieux et sage
Cuisine	Service de livraison
Piscine	Lac
Colorée	Gris
Apple	Samsung
Cheveux longs	Cheveux courts
Bicyclette	Voiture
Cœur	Tête
Chaussons	Talons hauts

Ceci ou cela

Lequel préférez-vous ?

Maquillage	Nature
Cuisine	Salle de séjour
Faim du monde	Changement climatique
Doux	Salé
Regarder le sport	Faire du sport
Espèces	Bitcoin
Marché aux puces	Centre commercial
Bureau à domicile	Voyage d'affaires
Économie	Philosophie
YouTube	Podcast

Ceci ou cela

Lequel préférez-vous ?

Geler	Transpirer
1900	2100
Riz	Nouilles
Amazon	Kiosque
Échecs	Jeu de cartes Uno
Soleil	Lune
Livre de poche	Livre électronique
Argent	La célébrité
Bureau	Garage
Cadeaux	Compléments

TOP 10
Souhaits de vie

1

2

3

4

5

6

7

8

9

10

Livres préférés

01 ....

02 ....

03 ....

04 ....

05 ....

Nos spots préférés

Mots préférés

1

2

3

4

5

6

7

8

9

10

Sites web préférés

Questions propres

Questions propres

Questions propres

Questions propres

Recette familiale

NOM :   TEMPS :   PORTIONS :

Les ingrédients

Les étapes

Recette familiale

NOM :   **TEMPS :**   **PORTIONS :**

Les ingrédients

Les étapes

Recette familiale

NOM :   **TEMPS :**   **PORTIONS :**

Les ingrédients

Les étapes

Lettre de la grand-mère

Lettre de la grand-mère

Lettre du grand-père

Lettre du grand-père

Espace pour d'autres contenus

Espace pour d'autres contenus

Espace pour d'autres contenus

Espace pour d'autres contenus

Édition : BoD · Books on Demand GmbH,
In de Tarpen 42, 22848 Norderstedt (Allemagne)
Impression : Libri Plureos GmbH, Friedensallee 273,
22763 Hamburg (Allemagne)
Dépôt légal : Décembre 2024

Copyright © 2024 Tell Me Collection

Cover, translation and design by
Dennis Streichert, Brahmsallee 19, 20144 Hamburg,
Germany

All rights reserved.

L'ouvrage, y compris ses parties, est protégé par le droit d'auteur. Toute utilisation en dehors des limites étroites de la loi sur le droit d'auteur sans le consentement de l'éditeur et de l'auteur est interdite. Ceci s'applique en particulier à la reproduction électronique ou autre, à la traduction, à la distribution et à la mise à disposition du public.

ISBN: 978-2-3225-5351-8